# *Min spirituelle rejse*

BENNY ILLEMAN

# MIN SPIRITUELLE REJSE

FSC
www.fsc.org
MIX
Papir fra
ansvarlige kilder
Paper from
responsible sources
FSC® C105338


Forlag: BoD · Books on Demand, Strandvejen 100, 2900 Hellerup · bod@bod.dk
Tryk: Libri Plureos GmbH, Friedensalle 273, 22763 Hamborg, Tyskland
ISBN: 9788743069324

# INDHOLD

# FORORD

Mit navn er, Benny John Illemann, jeg er født den 20 november 1958 og er opvokset på landet.

Jeg vil i denne bog fortælle om min spirituelle rejse, mine oplevelser, og hvordan det hele begyndte.

Alle navne er opdigtede (undtagen mit eget)

Der vil være beskrivelse af, hvordan du kan blive spirituel.

Hvad det indebærer; både fordele og ulemper.

Alle fortællinger og oplevelser er mine egen.

God fornøjelse.

# BEGYNDELSEN

Jeg har altid troet, at der var mere mellem himmel og jord end man kan se. At jeg havde evner som clairvoyant, havde jeg bestemt ikke troet på. Det ændrede sig, meget hurtigt, under en depression jeg havde for mange år siden. Efter jeg havde siddet i en lænestol i næsten et år, ude af stand til at lave noget, blev jeg enig med mig selv om, at den eneste, der kunne ændre det, var mig selv, så jeg prøvede at komme ud mellem mennesker igen. På et tidspunkt deltog jeg i et weekendophold for ca. 30 singler. Lørdag eftermiddag kom en mand hen til mig for at stille mig om en hel masse spørgsmål om livet, og hvad han skulle gøre i sin givne situation. Jeg tænkte ved mig selv, hvorfor spørge mig om det? Jeg kendte ham jo ikke og havde selv svært ved livet på det tidspunkt, men jeg svarede ham. Jeg kan ikke huske, hvad jeg svarede ham. Det var først efter min opvågning, at jeg fandt ud af, at jeg fik hjælp oppefra til at sige lige nøjagtig dét, han havde brug for at høre. Jeg mødte ham igen 2 uger efter, ren tilfældigt, hvor han trak mig til side, spurte om jeg kunne huske, hvad jeg havde sagt til ham. Jeg svarede ja, selvom jeg ikke kunne, men ville ikke være uhøflig. Han fortalte mig nu, at jeg havde reddet hans liv, det var hans plan, at det skulle være hans sidste fest, og han ville tage sit eget liv, når han kom hjem. Det gjorde han ikke, for dét jeg havde sagt, gav ham igen mod på livet. Jeg var målløs, vidste ikke hvad jeg skulle svare. Vi fortsatte med at snakke, og han endte med at blive min ven og hjalp mig i gang.

Nu begyndte det så med små oplevelser hjemme. Jeg var på det tidspunkt ved at bygge et hus, så jeg havde lavet en gammel stald om til beboelse, det var måske småt, men lige dét jeg havde brug for. Så ind imellem kom der håndværkere, som skulle lave det jeg ikke selv måtte lave. Der blev banket på døren kl. 7 hver morgen, med der var ingen udenfor. Til sidst sagde jeg, at nu ville jeg ikke stå op kl. 7 for at åbne døren mere. Hvis det var en håndværker, så måtte han banke 2 gange, og så stoppede det.

På det tidspunkt var det normalt, at der blev vist film, på sociale medier, hvor der til sidst kom et gespenst op i hovedet på dig, så man skulle blive bange, jeg havde en skraldepose stående et sted, hvor den havde fået lov til at stå i over en uge, ikke en der lugtede naturligvis – jeg sad og så sådan en video og i dét øjeblik gespenstet kom ud imod skærmen, væltede skraldeposen, jeg grinede hjerteligt og udbrød; "blev du bange for en af dine egne".

En aften, jeg var på vej i seng, mærkede jeg noget tungt lægge sig på mine ben, jeg blev lidt nervøs, indtil jeg vidste, hvad det var, det var min hund, som jeg havde, da jeg var teenager, jeg sagde højt, hvor er det dejligt, at du kommer og besøger mig, lidt efter forsvandt trykket på mine ben igen. En tidlig morgen vågnede jeg ved, at jeg skulle ud på wc. Det er meget usædvanligt for mig. Den gamle stald jeg havde lavet om, var faktisk en stor firkant, hvor jeg i det ene hjørne, havde bygget et badeværelse op, så køkken, stue og soveværelset var i en stor vinkel, hvor soveværelset var afskærmet af et gardin. Da jeg kom ud bag gardinet, så jeg en lysende skikkelse ved døren ud til badeværelset. Jeg kunne kun se omridset af en person, men ikke et ansigt eller træk hos vedkommende kun det omgivende lys. Det var ikke så høj en person, men tydelig. Jeg var på intet tidspunkt bange for det jeg så, men da det gik op for "væsenet", at jeg kunne se det, forsvandt det igennem døren, jeg skyndte mig efter det, i håb om at se det eller måske snakke med det, men væk var det.

Jeg begyndte at få mærkelige drømme. Én var, at jeg var i underverden, sådan følte jeg det i hvert fald. Det var stort og mørkt, hvor jeg så 3 herrer sidde bag en skranke, kunne fornemme en mere bagved, men kunne ikke se ham. De spurgte efter et telefonnummer, jeg ville ikke give dem det, især fordi jeg aldrig videregiver andres numre, uden at have fået lov, men også fordi jeg ikke kunne huske det. De befalede mig, at give dem det, meget insisterende, men jeg smilede lidt overbærende af dem, og svarede, at selv om jeg ville, kunne jeg ikke, da jeg ikke kunne huske numre, fordi de jo var i min telefon. De blev ved og lige pludselig stod jeg med en telefon i hånden, jeg smilede endnu mere og fortalte dem, at det nyttede ikke noget, da det ikke var min telefon og nummeret ikke var deri, at min egen ikke ville virke her. Han, der sad bagved, sagde noget, de andre lænede sig bagud for at lytte, hvorefter drømmen sluttede. Jeg tænkte lang tid over den, og hvad den betød, til sidst ringede jeg til min nye ven, spurgte om han kunne drømme tyde, hvilket han ikke kunne, men ville da tænke over den. Efter en længere samtale, spurgte han, om jeg var sikker på, det ikke var mig, der skulle ringe/kontakte én? Det vidste jeg ikke, men det gav faktisk god mening uden, at jeg vidste hvorfor. Der gik kun en uge, så fik jeg svaret.

Jeg tog til en lille fest, hvor jeg var den første gæst udover værtinden og hendes bedste veninde, de sad og snakke om det spirituelle og hun nævnte én med navn. Idet hun sagde navnet, rejste alle min hår sig, og jeg vidste bare, at hende skulle jeg møde.

Jeg fik kontakt med hende, og hun blev en slags mentor for mig et års tid. Efter det år sagde hun til mig: Benny, det du har lært på et år, er der nogen, som er 10 år om at lære, jeg blev helt benovet og lidt rød i hovedet, vidste ikke, hvad jeg skulle sige, andet end "mange tak".

Jeg har sidenhen tænkt mange gange på, hvorfor jeg havde det talent. Nu, hvor jeg tænker tilbage, tror jeg, det var fordi jeg accepterede alt uden at stille for mange spørgsmål. Det gik også op for mig, at "The spirit" havde hjulpet mig mange gange inden min rejse. Især i trafikken, mens jeg var langturschauffør, de måtte have været på overarbejde for at hjælpe mig. Og i dag er jeg dybt taknemmelig for alt, hvad de har gjort for mig.

Jeg tog forskellige kurser, hvor jeg lærte at åbne op for "The spirit", brugte flere lærere, da det, ifølge min mening, er bedst at lære fra flere, så det ikke kun er én, man lærer fra, alle muligheder skal bruges.

# OPLEVELSER

Nu gik det stærkt, jeg oplevede så meget, at jeg har svært ved at huske det hele, og især tidspunkterne, men jeg vil fortælle om noget af det.

Efter det første år, hvor jeg var på flere kurser her i Danmark, tog jeg til England, på Arthur Findlay College, (jeg anbefaler, at du går ind på deres hjemmeside og ser billeder af stedet) herefter kaldt A.F.C. Som siden er blevet mit yndlingssted. Et fantastisk sted, energien er i top, meget dygtige lære, stedet er et mindre slot, blandt os elever blev det kærligt døbt, Harry Potter slottet. Der hører en stor park til, med rigtig gamle træer, og en eng, hvor deres heste går. Efter en lille gåtur over engen, kom man til landsbyens kirke, en rigtig gammel kirke, bygget op af flintesten. Flere af gravstenene er ved at vælte, virkelig et besøg værd, hvis man er til gamle historiske steder. Arthur Findley og hans kone ligger på den kirkegård.

Den første gang jeg var der, var jeg totalt overvældet, troede ikke, at jeg kunne noget - gik og tænkte på, hvad jeg dog lavede der, jeg var slet ikke dygtig nok osv. Især når jeg oplevede, hvad de andre kunne. Hele stedet, dets energi, magien i luften gjorde, at jeg var meget benovet. Den første aften havde jeg en lang samtale med min mentor i Danmark, hun "skældte mig ud", talte med store ord til mig, fortalte, at det var noget pjat med mig, at jeg skulle bare se at komme i gang. I dag er jeg hende meget taknemmelig for, at hun gad at bruge et par timer på mig, sådan en søndag aften. Under samtalen, gik jeg rundt i parken, hvor det gik op for mig, at selvfølgelig kunne jeg, i Danmark kunne jeg lave både clairvoyance og afdøde kontakt, så kunne jeg også der. Jeg var slet ikke i tvivl om, at det var "The spirit", som hjalp mig til den beslutning. Dagen efter kørte det bare for mig, jeg lavede afdøde kontakt, med så mange detaljer, som aldrig før, følte mig helt høj af det, var både stolt og glad for, hvad jeg kunne gøre. Dagen efter følte jeg mig som en verdensmester, men så var det, at "The spirit" lige dunkede mig i hovedet, viste mig, at det ikke var mig, men dem som lavede arbejdet.

Jeg kender mig selv så godt, at jeg vidste, at det var min Illemannske tro på sig selv, der viste sit ansigt, så jeg gik og små grinede hele dagen, selvom jeg ikke kunne så meget, for jeg vidste bare, at det var "The spirit", der lige ville fortælle mig, at nok kunne jeg, men, at det kun skete med deres billigelse og på deres betingelser. Så på tredje dagen og derefter kørte tingene i et jævnt tempo, hvor jeg kunne lave afdøde kontakt og clairvoyance.

På min første dag, da jeg så vores program, tænkte jeg, at det var mærkelig med så mange og lange pauser, det var ikke ligefrem dét, jeg betalte for, men på femtedagen, var jeg så overvældet af energien, af alt det jeg havde lært osv., at de pauser var nødvendige for at kunne håndtere det hele.

Stedet har mange regler, en af dem er, at i kantinen beholder du den plads, du finder til det første måltid, det er fantastisk, så er der ingen der "slås" om pladser, du bruger ikke tid på at lede efter et sted at sidde, og du lærer de mennesker, som du sidder sammen med, rigtigt at kende. Så på den måde har jeg fået venner over hele verden. En anden regel er, at man kommer bare ikke for sent til timen, eller hvad vi nu end skal lave. Alt skal foregå på en stille og rolig måde f.eks. til morgenmeditationen, har du taget jakken af, inden du gik ind i rummet (kaldet kirken, selvom det ikke er det) for ikke at larme, da nogen begynder tidligt, sidder og nyder roen."

Midt i den store park står et Tulipantræ, som de mener, er mere end 100 år gammelt, megaflot træ, energien i træet er fantastisk, jeg har siddet under det mange gange, og fået undervisning under det, en varm sommerdag. Der er flere store fyrtræer, som mange går hen og føler på, hvis de kunne snakke, har de garanteret meget at fortælle. Der er også en fredshave, som ikke er så velholdt som resten, men det er lige som det skal være, her gik jeg ned hver morgen, for lige at meditere, være i energien et kort øjeblik, inden morgenmaden.

Allerede i løbet af den første uge, vidste jeg, at jeg ville komme tilbage, det er blevet til 10 uger i alt, mindst. I den første uge bestilte jeg allerede et kursus mere, kun 3 uger efter, så jeg ville være hjemme i 2 uger. Da jeg kom hjem efter første uge, var jeg total overvældet af oplevelsen, så jeg havde svært ved at holde jordforbindelsen, min mentor spurgte mig, om jeg ville være klar til et kursus mere så kort tid efter, hvortil jeg svarede, at det var jeg overbevist om. Mandagen før jeg skulle afsted, var jeg klar, kunne slet ikke vente på at komme afsted. Dagen kom og da jeg trådte ind i receptionen, udbrød jeg spontan: ”Home again!” Følte mig virkelig hjemme der, blev rigtig gode venner med flere af de ansatte også.

Jeg har været på, clairvoyance, afdøde kontakt, trance, trancehealing et og to kurser, så jeg fik efterhånden en bred viden om ”The Spirit” og fik rigtig mange gode oplevelser og venner der.

Mine oplevelser derovre, kan jeg ikke huske

rækkefølgen eller tidspunktet på, men én af de første gange, jeg var der, hvor vi alle var til morgen meditation, sad jeg og blev forbavset over, at jeg ikke kunne følge læren, men jeg lod mine tanke vandre, først så jeg min far for mig, tænkte, at det var ren ønsketænkning, men da min mor, min søster og min hund dukkede op, og flere bag dem, da vidste jeg, at de var hos mig, jeg kunne nærmest række ud og røre ved dem, der trillede tårerne ned ad mine kinder, var virkelig rørt. Da vidste jeg, at jeg kunne snakke med dem, at jeg var velsignet, at jeg var på rette spor osv. Det er en af de ting, som jeg har oplevet mange gange siden, at mine tåre triller, jeg er blevet et meget sensitivt menneske, men tillader også, at det sker, da det viser den menneskelige side af mig. Jeg elsker når det sker, for det viser mig, at det ikke er blevet til en kold forretning.

En af de næste oplevelser, var da jeg kørte videre til Irland efter et kursus, over til én, jeg havde lært at kende netop igennem et kursus. Vi gik en tur langs en sø, hvor hun fortæller mig, at der kommer en hule, som hun ikke kunne se om var naturlig eller menneskeskabt. Da vi kom hen til den, gik jeg ind i den, som tusind andre før mig. Det var nærmest en fordybning ind i klippen, ca. 3 meter bred og ca. 4 meter dyb, men jeg skulle da lige ind og mærke energien, om jeg kunne mærke noget. Det kunne jeg, men tænkte ikke mere over det før jeg gik ud, da var det som om jeg blev stoppet, hevet tilbage, jeg gik ind igen og fik kontakt til en dame, som havde levet for mange år siden, mens der kun var heste som transportmiddel, hvor stedet havde været en vandrerute imellem landsbyer. Hun fortalte mig, hvad hun havde levet af. Hun havde nedkaldt forbandelser over folk, når hun blev betalt for det, heksebryg og stjålet mad, her blev hun meget overbevisende, at hun kun gjorde det for at overleve, kun af nød. Jeg spurgte hende til, hvorfor hun var her endnu, hvorfor hun ikke var taget over på den anden side, hun stirrede på mig; ”jeg er da ikke velkommen der, sådan som jeg har været”. Efter en lang snak, hvor det lykkedes mig at overbevise hende om at prøve, åbnede der sig en portal, du kan kalde det lyset/trappen eller hvad du nu selv vælger, men da den åbnede sig, følte jeg mig virkelig overvældet, aldrig har jeg følt en sådan omfavnede varm kærlighed, tårerne trillede stille ned ad mine kinder, da jeg kom ud til min veninde og begyndte at fortælle om oplevelsen, blev portalen åbnet igen, det var kvinden fra hulen, som kom tilbage for at sige tak, der var jeg færdig, tårerne trillede i stride strømme ned af mine kinder. Her, ude i naturen, midt i skoven stod jeg og lod tårerne trille, følte mig virkelig velsignet og lykkelig, aldrig har jeg haft sådan en følelse, så stærk, så varm, så kærlig, så det kan slet ikke beskrives. Efter den oplevelse, var jeg totalt overbevist om, at det skulle jeg arbejde med resten af mit liv, at himlen virkelig eksistere. Jeg har flere gange mødt sjæle, på min vej rundt i de forskellige lande, og når jeg har gået tur, men den første gang er bare overvældende.

Ting jeg også lærte der, var meget om mig selv. Som er en meget vigtig del. Vi brugte jo hinanden til at øve os på, især én ting, gik først op for mig der, og det var omkring min barndom. Flere nævnte min barndom; at jeg var meget alene, ensom og andet i samme stil. Det kunne jeg ikke forstå, min barndom var jo så normal, som den kunne blive, troede jeg, der var ingen druk, vold eller andet af den slags, men langsomt gik det op for mig, hvad de mente. Jeg er den yngste af syv børn, de ældste var flyttet hjemmefra, da jeg har erindringer min barndom. Mine ældre søskende mente, at jeg blev voldsomt forkælet, det kunne jeg ikke se, så kiggede bare mærkeligt på dem, når de sagde det. Som nummer 7, er et barn jo "bare" en ny i rækken, ikke én, der rigtig bekymrede sig, når jeg faldt og slog mig, så lød det bare, (hvis nogen opdagede det), "dét tager du ingen skade af, op igen" osv. Jeg blev bestemt ikke pakket ind i vat. Vi boede på landet, så når min søskende var taget i skole, legede jeg alene; byggede huler, lavede geværer af træ, min fantasi hjalp mig meget, men igennem de kurserne i England, fandt jeg ud af, hvor alene jeg egentlig havde været, mine forældre var hårdt arbejdende, men viste ikke deres kærlighed. Enten kunne de ikke eller også havde de ikke overskud til det, jeg ved det ikke, men jeg var jo "bare" endnu en i rækken, en mere at mætte, så ja, alene var jeg i rigtig meget af tiden. Det har så bevirket, at jeg i dag, intet har imod at bo eller være alene. Da min far gik bort, var jeg ikke begyndt på min spirituelle rejse endnu, men jeg havde alligevel en anden tankegang end de fleste. Til kaffen, efter begravelsen, var der en af naboerne, som jeg har kendt lige så lang tid, jeg kan huske, der sagde til mig: "jeg syntes ikke, at jeg kan se tåre hos dig, er der noget jeg ikke ved noget om?" Jeg svarede ham, at jeg var stolt af min far, stolt af at være hans søn, at han virkelig havde gjort det godt, begyndte med ingenting under anden verdenskrig, fik 7 børn, gik fra et meget lille hus, til et stort familiehus, havde været ude og rejse, haft et begivenhedsrig liv, opnået hvad mange kun kan drømme om. Hvis jeg græder, er det fordi JEG ikke vil undvære ham, fordi JEG ikke ville af med ham, fordi JEG ville have ham i mit liv i mange år endnu, er det ikke lidt egoistisk? Han bare stirrede på mig, så jeg gik videre og snakkede med andre, lidt efter kom han hen til mig, og stille sagde han: "Jeg kan virkelig godt lide din tankegang og kan godt følge dig."

Siden min rejse begyndte, er begravelser blevet lidt "lettere" for jeg ved nu, at de afdøde kun er en tanke væk.

Det var lidt om min barndom, og om hvordan jeg lærte om, hvad der faktisk var sket.

Der var rigtig mange ting, jeg lærte om mig selv, men det er en del af rejsen at lære det inderst af sig selv at kende. En af de øvelser, vi lærte at lave, var at stå ved et spejl og se sig selv dybt i øjnene i et minut, kunne man det, så kan man lide sig selv.

Tilbage til A.F.C. – jeg var der engang i 2 uger, den anden uge var Christmas Week, hvor der ikke rigtig var en undervisnings del, vi lærte en masse, men kunne deltage i det vi lige havde lyst til, altså ikke et fastlagt skema. Jeg var på inde for at lære om kunst, kreativitet igennem "The spirit", hvor jeg malede en lille boks. På indersiden af låget skulle jeg skrive tre ønsker for det nye år. Som et af punkterne, skrev jeg: finde det perfekte sted at bo. Jeg boede på det tidspunkt i en lejlighed midt i byen, og jeg trivedes ikke i det. Lige nøjagtig et år efter, ringede en bekendt, som fortalte mig, at der var et hus til leje tæt på Limfjorden, ingen naboer i nærheden, der var fred og ro. En del af dét, at blive spirituel, gør at man bliver en sensitiv person, så det at bo tæt på andre mennesker eller være i store forsamlinger kan være en udfordring, men vi er jo alle forskellige. Jeg fik et lejemål der, men først da jeg flyttede ind og så mine ting igennem, fandt jeg boksen, og så hvad jeg havde skrevet, jeg havde glemt alt om den, men mit ønske kom igennem, fantastisk, selvom der var gået et år, men det viser bare, at "The spirit" lige skal have tid, til at få vores ønsker opfyldt. Det er da manifestation, der vil noget. Jeg blev ikke boende der ikke så mange år, men det var dét helt perfekte sted, på det helt rigtige tidspunkt for mig.

En anden manifestation jeg har haft, tog kun et par timer, inden den kom igennem. Jeg havde på et af kurserne mødt en landsmand, vi blev gode venner og vi tog på ferie sammen flere gange. Den ene af gangene var vi i Italien under morgenmaden på et hotel, sad jeg og tænkte, at jeg gad godt opleve noget spirituel den dag. Vi kørte fra hotellet og ud på motorvejen, og når jeg kører sådan et sted, vil jeg bare gerne frem til næste punkt på dagsordenen, men efter små 2 timers kørsel, fik jeg en stor lyst eller trang til at komme væk fra motorvejen, i første omgang slog jeg det væk, mente, at det var noget pjat. Heldigvis kom jeg i tanke om mit ønske under morgenmaden, jeg nåede lige at sige, vi tager næste frakørsel, så drejede jeg fra. "Nå", sagde Lars stille og roligt, "hvad skal vi her?" "Det ved jeg ikke", men i munden på hinanden, sagde vi: "vi skal derud", vi havde begge fået øje på en stor bygning, der kunne ligne en kirke eller et kloster i det fjerne. Lars var hurtig til at Google stedet og fandt ud af, at der først var åbent om 1 time, men der var også længere derud, end det umiddelbart så ud til. Vi kom igennem en mindre by, fik en fantastisk frokost samt en dejlig is, og vi gik stille rundt og kiggede. Her fik jeg øje på en meget lang mur med tag over en bred flisebelagt gangsti, rigtig flot, men tænkte ikke mere over det. Da vi kom op til stedet, fandt ud af, at vi havde ret, det var, eller havde været, en rigtig flot bygning med en fantastik udsigt fra tårnet. Det var bestemt turen derud værd, og jeg fik min spirituelle oplevelse. Da vi ville køre, så jeg den samme type bygning, som jeg havde set i byen og begyndte at gå ned af de mange trin, men Lars mente, at der var langt ned, og vi skulle jo også op igen. Så det endte med vi kørte, men bygningsværket blev bare ved og ved, vejen gik langs den og igennem den til vi fandt ud af, at den gik hele vejen til landsbyen, der var alligevel ca. 6 km. Vi havde kørt en anden vej derop, derfor havde vi ikke set den før. Vi fik en rigtig god oplevelse, som jeg havde spurgt efter om morgenen. Så det er bare at sende ønsker ud og være opmærksom, når de bliver besvaret. Jeg har derefter "brugt" dem til at hjælpe med at finde en p-plads, især i udlandet, når jeg ikke var stedkendt eller der var mange biler.

En anden af mine oplevelser kom, da en veninde og jeg kørte til A.F.C. til et åbent husarrange-ment, så hun kunne opleve stedet, vi kørte bagefter ned og så Stone Henge, pengene var ikke så store, så i stedet for at betale en mindre formue for at blive kørt derud og få adgang helt ind til stenene, valgte vi at gå derud. På vejen derud så vi, at vejen gik igennem en lille skov.

Til venstre for skoven var der en græsmark og lidt efter endnu en lille skov. Mens vi gik, blev jeg meget draget mod den skov, blev ved med at se på den følte virkelig, at jeg skulle ind i den. Vi kom igennem skoven og op til de berømte sten, jeg kunne da mærke energien fra dem, men det var jeg slet ikke så interesseret i. Jeg kiggede mere på de mange gravhøje, der var og igen ind i skoven. Jeg spurgte, om hun ville med den anden vej tilbage, igennem græsmarken, gravhøjene og skoven. Det ville hun gerne, så vi gik en lang omvej, jeg travede op af tre gravhøje, fik forbindelse til dem, som lå begravet der, fik deres historie at vide, den korte version. På vej mod skoven mærkede jeg pludselig, at vi ikke var alene, jeg mærkede efter, der gik rigtig mange sjæle der frem og tilbage imellem stenene og skoven, hundredvis af sjæle, mærkede deres fortvivlelse, deres sorg, deres modløshed, deres sygdom. Jeg spurgte Lene, om hun kunne mærke dem, det kunne hun, men ikke helt så kraftigt som jeg, hun fortalte mig, at Stone Henge, blev brugt som et healings sted i gamle dage, hvor folk valfartede dertil, for at blive helbredt. Det anede jeg intet om, men var da glad for oplysningen for det stemte overens med det, jeg følte. Da vi kom tættere på skoven, kunne vi se, at den var omkranset af et trådhegn, så vi kunne ikke komme ind i skoven. I stedet for blev vi stående lidt, og jeg følte, jeg blev ført tilbage i tiden ind i skoven, hvor der boede rigtig mange sjæle, lidt forbavset blev jeg, da jeg kunne mærke, hvor meget de led. Fik kontakt med 6-7 stykker, som sad om et bål spurgte, hvad de lavede der; én af dem begyndte at fortælle om deres sygdom, det var ikke pest, men noget der lignede, det havde ramt rigtig mange mennesker, de søgte alle hjælp der. Jeg spurgte, hvorfor de blev der og ikke gik over på "den anden side", hvortil han svarede med vrede i stemmen, at de var holdt op med at tro på Gud, han havde svigtet dem, havde ladet dem lide og hjalp dem ikke. På dette tidspunkt var der kommet lidt tåre i mine øjne, jeg kunne virkelig mærke deres sorg, vrede og fortvivlelse, men jeg fortalte dem, at Gud kaldte dem hjem, så de kunne får et nyt og bedre liv på jorden, hvis de ville. Det tog noget tid at overbevise dem, først da jeg sagde, at de kunne gå over, men vende tilbage, hvis ikke det var noget for dem eller at det ikke var som jeg havde fortalt dem. Herefter bad jeg "The Spirit" om hjælp, om at vise dem vejen. Først der var de villige til at prøve, lidt efter mærkede jeg, at de forsvandt. Da løb tårerne ned ad mine kinder, jeg kom tilbage til virkeligheden, hvor Lene ventede tålmodigt på mig, jeg fortalte hende, hvad jeg havde oplevet, men jeg kunne jo ikke stå der og hjælpe alle over, det ville tage alt for lang tid, så tænkte, at det måtte dem, der var gået over, hjælpe til med, nu havde jeg vist dem vejen. Hvis jeg skulle hjælpe dem alle, så havde jeg jo skullet stå der et års tid. Vi gik stille ud mod vejen, i kanten af marken var et skilt, hvor der stod, næsten nøjagtig det jeg havde oplevet, hvor var jeg glad for, at det var bagefter og ikke før, at jeg læste det. Havde jeg læst det før, kunne jeg have været i tvivl om, om jeg var påvirket af det jeg læste. Jeg har siden dengang, lært at fortælle dem, at hvad mennesket havde lavet i livet, bliver sjælen ikke straffet for på den anden side. Og det giver god mening for mig, da sjælen ikke kan gøre for, hvordan mennesket er. Det har virkelig hjulpet mig mange gange, det er en sætning de kan forstå.

Én af de lidt mere barske oplevelser jeg har haft, var i Schweiz. Jeg var på besøg hos et vennepar, de vidste mig en dal eller nærmere en kløft i bjergene, hvis du vil se billeder eller besøge stedet, så hedder det: Verena Gorge Hermitage. De lokale kalder det: Einsiedelei St. Verena. Hvor der er et lille kloster med plads til en munk, der i dag fungerer mere som guide. En lille kirke med plads til ca. 10 personer i, men megaflot indvendig. Der var andre bygninger hugget ind i klipperne virkelig et spirituelt sted. En af bygningerne var spærret af, jeg kunne ikke engang finde en indgang, men der var et par vinduer, som jeg absolut skulle kigge ind af. Jeg blev helt forskrækket, for jeg så en skygge bevæge sig derinde. Stedet blev for mange år siden brugt til at skjule flygtninge, sårede og syge blev behandlet af de nonner, der var på stedet dengang. Mens vi gik langs den lille flod, faldt jeg i staver og kom langt bagefter de andre. Nu blev jeg ført tilbage i tiden - til tiden, hvor Romerne tog hærgende op igennem Europa på togt efter land og alt, hvad de kunne få fat på. Jeg så, hvordan de forfulgte alle, mænd, kvinder og børn, huggede dem ned, så hvordan floden blev helt rød af blod. Jeg stod med tårer, der trillede ned ad kinderne, det var forfærdeligt at se på, mærke angsten og fortvivlelsen, det var så realistisk for mig, at jeg et øjeblik troede, at jeg også blev slået ned. Der var også noget positivt der, de spejdere som romerne havde sendt i forvejen, så nogle af de kvinder og børn, der var der, skyndte sig at gemme sig i de omkring liggende huler, men de vendte ryggen til og da resten af soldaterne kom, sagde de, at hulerne var tomme, de havde undersøgt dem. Så de, der havde gemt sig, undgik at blive slagtet, ikke alle var lige slemme. Der er altid noget positivt, det er bare med at få øje på det. Det var en barsk oplevelse at komme igennem, der gik lang tid, inden jeg kom til mig selv ovenpå den oplevelse. Jeg har aldrig villet have undværet det, for det er fantastisk at bliver ført tilbage i tiden, opleve fortiden, se, hvad der skete og være i følelsen på godt og ondt, alt det som rigtig mange har gået igennem, jeg har lært rigtig meget af det. Jeg har aldrig været god til at læse om historien, men når jeg har haft sådanne oplevelser og kigget efter, så har det foregået på den måde, som jeg har oplevet det eller så tæt på, som det nu kan være.

# OPGAVER

Nu vil jeg fortælle dig, om nogle af de opgaver, jeg er kommet ud for.

En aften blev jeg ringet op med spørgsmål på, om jeg ikke kunne komme med det samme og rense ud i en lejlighed, kvinden i røret var meget bange og kunne ikke være der, hun fortalte mig, at hun var 20 år og boede alene med sit lille barn på 6 måneder, og der skete bare ting og sager. Jeg havde på det tidspunkt aftenarbejde, så jeg kunne ikke være der før tidligst kl. 2 om natten. Det kunne hun godt forstå, bare jeg ville komme, for hun var meget utryg, så det var helt i orden. Så jeg tog til en større midtjysk by, fandt adressen og kom op i lejligheden. Her kunne jeg mærke med det samme, at det var bestemt ikke godt, og jeg forstod godt, at hun ikke kunne lide at være der, energien var meget negativ ladet. Faren til barnet var kommet, så hun ikke skulle være så bange, men han var af den opfattelse, at det var bare noget pjat. Han troede slet ikke på, at sjæle kunne gå rundt, det var rent hokuspokus i hans øjne. Det eneste sted, hvor der var noget positivt, var i soveværelset, hvor hendes mormors sjæl var til stede, for at holde øje med sit barnebarn. I køkkenet var det helt slemt, jeg kunne mærke, hvordan mit hoved blev slået ned i køkkenbordet, en meget voldelig sjæl, der var på spil, han var en tidligere beboer, kunne jeg mærke. Jeg fik en lang snak med ham, og det tog lidt tid at overbevise ham om at tage over på den anden side. Stædig, som han var, troede han heller ikke, at han var velkommen der. Langt om længe valgte han at tage over, og energien blev noget helt andet lige med det samme. Sekunder efter, at sjælen var taget over, kom ekskæresten ud i køkkenet, "hvad er der sket her?" Han så forundret ud, "der er jo helt anderledes nu". Nu fortalte den unge kvinde mig, at den lejlighed havde førhen været et sted, hvor der blev handlet hash, og det der var værre, det gav mening for mig, og når folk ikke kunne betale, var lejeren voldelig overfor dem. Nu faldt både hende og barnet til ro, så jeg kunne tage hjem meget glad for at kunne hjælpe.

En anden gang var jeg ude og lave afdøde kontakt for en veninde, jeg havde kendt længe. Fik hele tre sjæle igennem. Mens jeg fik dem igennem, fortalte hun mig, at jeg var gået omkring og havde bevæget mig; snakket på samme måde, som de havde gjort, mens de var i live. Jeg havde på det tidspunkt, givet "The spirit" lov til at bruge min krop. Da jeg var færdig, troede jeg, sad vi og fik en kop kaffe, måske vi sad lidt for tæt, for da jeg rejste mig for at gå på toilet, gik jeg uden om sofabordet og bum, så var det som at gå ind i en væg, jeg stod helt stille lidt, så var det som om jeg fik en knytnæve i maven, jeg lod som om, det var rigtigt og gik på knæ, her kunne jeg mærke at "volden" tog til, besluttede mig for, at nu var det slut, sagde ret højt og bestemt, at nu stoppede han og det holdt op. Min veninde spurgte mig, om jeg lige var rendt ind i hendes ex, det mente jeg bestemt, hun grinede og sagde, "ja, det så sådan ud, han var ekstrem jaloux og ikke bange for at slå på tæven". Senere kom hendes datter, og der blev serveret aftensmad. Mens vi sad og spiste, sagde jeg til datteren, at nu inden så længe, hvor hun blev gravid, så skulle hun jo tage en beslutning omkring hendes uddannelse. Hun blev meget bestemt i tonen og brugte ord, jeg ikke lige vil gentage, men hun skulle bestemt ikke have børn, og hvis hun nogensinde skulle have det, blev det først, når hun var mere end 30 år gammel, hun var på det her tidspunkt 19-20 år. Jeg blev ved og fortalte hende, at det bestemte hun ikke, for jeg kunne høre fodtrin fra små fødder, der trippede hen over gulvet. Jeg kunne godt mærke, at hendes respekt for mig og hvad jeg kan, dalede en hel del, men et par måneder efter, ringede hun og sagde, at jeg havde jo ret, nu var hun blevet gravid. Der gik nogle år, barnet var en 3-4 år gammel nu, hendes mor ringede og spurgte, om ikke jeg kunne hjælpe, selvom hun selv er meget spirituel, så var der noget hun ikke lige kunne klare, hendes lille datter ville ikke være på sit værelse mere. Jeg tog op til dem, fik en snak, og så gik jeg ind på værelset, her kunne jeg godt mærke, at der var noget, som ikke skulle være der, men der gik lidt tid, inden jeg fandt ud af, at der var en portal i rummet. Den slags portaler er der rigtig mange steder, de, som alle sjæle rejser over til den anden side igennem mennesker såvel som dyr. Da jeg kontaktede den anden side og spurgte, om det var noget, jeg kunne gøre noget ved, var svaret et klart "NEJ", men de ville se, hvad de kunne gøre. Det lykkedes for dem at flytte den ud af lejligheden, helt ud af bygningen, men jeg fik også at vide, at det kan de normalt ikke gøre, men det lykkedes for dem. Jeg fik også kontakt med en mand, der var der, det var barnets morfar, som var gået over i en ung alder, og han havde ikke været en ret god person. Jeg bad ham om at lade sin negative energi blive på den anden side, når han var på besøg. Efter en kop kaffe mere, tog jeg hjem og håbede, at det ville være blevet bedre for pigen at være på værelset. Dagen efter ringede moren og fortalte mig, at pigen selv var gået ind i værelset for at sove om aftenen, og at hun igen var den glade lille pige, jeg takkede mange gange for oplysningen, feedback er bare så dejligt at få.

Nu vil jeg fortælle lidt om, hvordan du gør det, altså laver afdøde kontakt. Det hele drejer sig om at stole på, at det er dem, der giver dig beskeder, at det ikke er i din fantasi. Den del af hjernen som indeholder vores fantasi, er dét sted, hvor de lettest kan give os beskeder uden at bruge for meget energi, så er det op til dig at stole på, at det er beskeder fra dem og ikke noget, du tænker dig til. Så til at begynde med skal du bruge en "prøveklud", én som er villig til at hjælpe dig. Når du sidder overfor personen og du får et billede ind i dit hoved, så er det et billede af én, som du skal beskrive, det kan være mange ting, højde, drøjde, mand, kvinde, hårfarve eller tøjet. Der er også følelser indblandet, såsom er det en vred person, en glad, en gavmild, en eftertænksom person osv. Det drejer sig om at snakke, ikke tænke eller analysere dét, du har i hovedet. Det bedste du kan gøre, er at lade hjernen "blive væk" - pakke den i en skuffe eller taske - du må slet ikke bruge den, hvilket er en svær del, men MEGET vigtig. Brug de ting som kommer, får du lyst til en øl, er det højest sandsynligt én, som kunne lide øl; får du lyst til friskbagt, hjemmelavet brød, er det én, som kan lide at bage, er det én, du ser i et køkken, der står og laver mad, så er det én, som godt kunne lide at være i et køkken evt. for andre også. De kan også give dig dufte. Måden du kan mærke på om der er ”nogen tilstede”, kan være rigtig mange ting, der er ingen, som føler det/arbejder, på samme måde. Det kan være kulde, som stiger op ad dine ben, det kan være gåsehud, alt som ikke er normalt for dig på det pågældende tidspunkt. Det er vigtigt, at du aldrig, som i ALDRIG bruger ordet ”ikke” f.eks. jeg kan ikke mærke en, jeg har ikke forbindelse, jeg kan ikke fortælle noget osv. For så kan du ikke. Du kan også øve dig for dig selv, hvis du laver et eller andet, du har lavet tit, og du pludselig ud af det blå, tænker på en af dine kære på den anden side, så er det, fordi vedkommende er hos dig. Du kan nu føre en ”samtale” med vedkommende, hvis du er alene, så tal højt, for så kan din hjerne nemlig ikke nå at give dig svaret, hvis du har stillet et spørgsmål. Tal højt indtil du har gjort det så mange gange, at du kan gøre det uden, dermed bliver du også klar over, at dine kære på den anden side kun er en tanke væk. Du skal lære at bruge din metode, dine følelser, dine fornemmelser. De bruger tit én, du kender, hvis du sidder og laver afdøde kontakt, så hvis du pludselig tænker på din mormor, så er det ikke din mormor, men vedkommendes. Tænker du på en ven, så kan det være navnet eller det kan være en ven af vedkommende. En anden meget vigtig ting du skal vide er, at de ALTID kommer med en besked, så det er meget vigtigt, at du fanger den og giver den videre.

Lidt om dig og hvad du kan gøre. Det er vigtigt, du lærer dig selv at kende, helt ind i det dybeste. Én af de ting du kan gøre, er at stille dig selv spørgsmål, hvorfor reagerer jeg på den måde i en given situation. Ikke kun et spørgsmål, men bliv ved, hvorfor reagerer jeg på den måde, hvad var årsagen? Det kan være så mange som tyve spørgsmål om det samme emne, indtil du kommer helt ind til kernen. Mange er faktisk "bange" for at komme helt derind sæt nu, jeg tager fejl, at det er mig, der har gjort noget galt osv. Det er slet ikke farligt, det værste, der kan ske er, at du laver dig selv om og bliver et bedre menneske. Tænk på, hvilket aftryk du gerne vil huskes for, når du engang forlader denne verden.

At tilgive, er endnu en meget vigtig del. Tilgiv alle, der har gjort dig noget, men ikke mindst dig selv. At tilgive betyder ikke, at det var i orden, det vedkommende gjorde mod dig eller, at vedkommende skal ind i dit liv igen. Tilgivelse betyder simpelthen, at sket er sket, og nu er DU kommet videre. For mig var det sværest at tilgive mig selv, det tog mig mindst en uge, så skidt en person havde jeg været, men da det skete, var det, som om en tung byrde forsvandt fra mine skuldre. Fortiden kan du alligevel ikke lave om på, så hvorfor hænge sig i den? Der er mange ting, du kan gøre, vær et godt menneske, hjælpe andre, hvor du kan, nyd de små ting som sommerfugle, der flyver fra blomst til blomst, de forskellige farver naturen byder på, vær glad for de små oplevelser, og du vil opdage, at du ikke længere higer efter gods og guld, at det intet betyder, om du har et større hus end naboen, har råd til 3 ferier om året osv. Når du begiver dig ud i denne verden, er der en stor chance for, at dit liv vil ændre sig. Nogen venner forsvinder, enkelte familiemedlemmer vil ikke kendes ved dig, men der vil komme nye venner, de rigtige venner, i stedet for dem, der forsvandt, det bliver et bedre liv, fuldt af overraskelser, når du finder ud af, hvor meget "The spirit" hjælper dig. Brug din mavefornemmelse, intuition om du vil, hvis du går på en gågade, og pludselig får lyst til at gå ned ad en sidegade, så gør det, det kan være, du får øje på en smuk ting i et vindue. Det kan være, du snubler og du møder én, der er ked af det, som smiler ved synet, og du dermed har reddet dagen for vedkommende, det er ikke sikkert, du vil finde årsagen til, hvorfor du skulle ned ad den gade. Find ud af, hvornår og hvordan de giver dig beskeder, det kan være sommerfugle, som er omkring dig på en lidt mærkelig måde også guldsmede er en af de måder, de kan give dig en besked på. Jeg har prøvet, hvor jeg skulle ud at løbe en tur, der var mange sommerfugle, men det var på den tid af året, hvor de ikke skulle være her. Én fløj tæt ved mine fødder, så jeg næsten ikke kunne løbe for den, jeg undrede mig over det for det at løbe er sundt. Jeg kom i tanke om, at det kunne være min hund jeg havde som teenager, der drillede mig, så jeg sagde højt: "Casper, lad være med at drille", straks fløj den væk, men en anden fløj i forvejen, vendte om og fløj direkte imod mig, i øjenhøjde, lige før den ramte mig, fløj den over mig, så tæt på mig, at jeg kunne mærke vingerne i håret. Jeg tænkte, at det var som om, de ville stoppe mig, kunne ikke regne ud hvorfor, men de nye løbesko jeg havde købt, duede ikke til mig, jeg fik så ondt i anklerne af dem, at jeg måtte opgive at løbe. Så kunne jeg lære det, hvis jeg ikke lyttede, så måtte jeg føle. Hvide sommerfugle er "The spirit", som viser dig, at de følger dig, farvede sommerfugle er en af dine kære fra den anden side, som lige viser sig.

En anden oplevelse med sommerfugle, var da jeg var i Italien og besøgte det kloster som, Franz af Assisi tilbragte det meste af sit liv på. Jeg ankom til parkeringspladsen, fik øje på en sommerfugl, som fulgte mig hele vejen op til indgangen, først tænkte jeg, at det var synd, som de havde lavet stedet om med glas parti ind til receptionen osv. Men kom i tanke om, at der jo kom rigtig mange hvert år, og det skulle jo holdes vedlige. Jeg gik rundt og kiggede så en kirke, men tænkte, at den ikke var åben for publikum. Jeg sad på en mur, som omgav gårdspladsen, fik øje på sommerfuglen, nu var der to, de flagrede foran mig, jeg fulgte dem med øjnene, de fløj til den ene side, sådan, at jeg var vendt mod kirken, der opdagede jeg, at der kom turister ud derfra, så jeg kunne godt komme ind. De havde vist mig det. Jeg gik ind og sikke en flot kirke, de klæder Franz havde båret, lå i en montre. Der var næsten ingen mennesker derinde, så jeg satte mig helt op foran, der gik jeg i en meditation, hvor jeg rigtig kunne mærke den energi, der var i kirken. Tårerne trillede stille ned ad mine kinder, så berørt var jeg af at mærke energien, måske det var hans? Så blev jeg forstyrret af en mand, som delte pjecer rundt, jeg vågnede lidt op, så mig omkring og opdagede, at nu var kirken faktisk helt fyldt uden, jeg havde hørt en lyd. Jeg så, at munkene samles, de var i alle aldre og moderne. De unge mennesker, kom med en hjelm i den ene hånd og en moderne telefon i den anden. Lidt efter begyndte kirkegangen. Jeg forstod intet af det, om det var på Italiensk eller latin, aner jeg ikke, men smukt var det, og jeg nød det i fulde drag. Virkelig en smuk oplevelse, da de var færdige, samles alle munkene i gangen, langsomt gik de ud af kirken, de andre gæster fulgte efter, så det gjorde jeg også. Vi gik nu en rute, som førte os ind i en anden, men mindre kirke, der blev sunget/messet hele vejen, der var så mange mennesker, at vi ikke kunne være i den kirke, men der var sat højtalere op, så os, der stod udenfor, kunne lytte med. Jeg er meget glad for, de sommerfugle viste mig vejen.

# TANKENS KRAFT

Lidt om tankens kraft og manifestation. Det er så stort et emne, at det vil jeg fortælle mere om i bind nr. 2, men jeg vil her give en forsmag på det.

Da jeg havde lært at bruge tankens kraft, havde jeg en afhængighed af slik, mest chokolade, det besluttede jeg mig for at komme af med med hjælp fra tankens kraft. Jeg gik i 3 dage, fortalte mig selv, at jeg ikke havde brug for alt det sukker, jeg ville blive fed, det var mange penge, og hvad jeg ellers kunne finde på af negative ting, dernæst fortalte jeg mig selv de positive ting, der er ved at stoppe, at jeg ikke ville blive fed og dermed skulle købe nyt tøj, at jeg ville spare mange penge osv. Efter de tre dage, var jeg ude og handle ind, men købte intet slik først, da jeg stod ved bilen, kom jeg i tanke om, at jeg ikke havde stoppet ved slikhylderne, jeg tænkte på om jeg skulle gå ind igen, men nej, jeg havde slet ikke lyst til slik, derefter forsvandt min store trang til chokolade.

Manifestation er noget helt andet, men alligevel hænger det sammen, da det er måden du tænker på. Som beskrevet i et andet afsnit, hvor jeg fortalte om det hus jeg fik manifesteret, er det måden, du tænker på, at det og det, vil du gerne have. Dernæst skal du ”glemme” det, i hvert fald, må du ikke ændre på dit ønske, da de så skal begynde forfra.

# FLERE OPLEVELSER

En af de stærkeste oplevelser jeg har haft, var da jeg sad på terrassen, ved det hus, jeg havde manifesteret mig en sommerdag. Jeg sad i mine egne tanker, en slags meditation, da noget på himlen fangede min opmærksomhed. Der var lidt skyer, men også blå himmel. Imellem skyerne, var der to meget store fugle, troede jeg, de fløj på en mærkelig måde af fugle at være. Ligesom om de legede tagfat, en slags kærlighedsleg. Der går det op for mig, at de var meget højt oppe, og dermed var det mega store fugle, men så store fugle har vi jo slet ikke her i landet? Deres vinger havde en spændvidde, som jeg aldrig har set før, og den måde de fløj på, jeg har aldrig set fugle flyve på den måde. Langsomt går det op for mig, at det var engle, jeg kunne se, og alligevel ikke, havde svært ved at tro på det, men jo mere jeg kiggede på dem, jo mere blev jeg overbevist om det, og jeg udbryder højt, "det er jo engle" og i det samme var de pist væk. Det var en meget tydelig besked til mig, én som jeg aldrig har glemt. Jeg var målløs, helt paf over det og meget ærbødig, at det skulle ske for mig, der gik en hel uge, inden det rigtig gik op for mig.

Jeg kontaktede en rigtig god ven i England, som også er clairvoyant, fortalte hende om oplevelsen, hun fortalt mig, at hun fik helt gåsehud over hele kroppen, mens jeg fortalte, og hun var ikke et sekund i tvivl om, at det var engle, jeg havde set, og at det kun var for mig, de havde vist sig. Det var en fantastik oplevelse, og nu hvor jeg sidder og skriver om det, genoplever jeg det, og hårene rejser sig på over hele kroppen, men på en god måde. Det er den slags oplevelser, som gør, at jeg aldrig nogensinde har fortrudt, at jeg begyndte på denne rejse.

En anden af de oplevelser jeg har haft, er på et bestemt sted, hvor jeg kom tit. Det er området ved Rørbæk sø, et bestemt sted kunne jeg mærke en anden slags energi. Jeg satte mig på en sten, nu blev jeg igen ført tilbage i tiden, så, hvordan der havde været på stedet dengang, følte, at jeg sad ved et traktørsted, følte at kromutter lavede man ikke sjov med, hun var en meget bestemt dame. Så, hvordan folk kom for at handle, på den omkringliggende plads. Alt foregik i et roligt tempo, der var god energi på stedet. Jeg præsenterede stedet for tre andre clairvoyante, en ad gangen, som alle kom med det samme resultat, altså, det var ikke noget jeg bare fandt på, men bevis på, at jeg (vi) var ført tilbage i tiden.

En anden ting, samme sted. På en af mine gåture der, en lidt regnfuld dag, gik jeg en rute, jeg ikke havde gået før og kom til et y-kryds, vidste ikke lige, hvilken vej jeg skulle gå, så blev der rykket i min krave på frakken, for mig var det en skov fe, der lige ville vise vej.

Stedet har en fantastisk healings effekt, så stille og rolig, jeg gik en dag og havde en samtale, med min veninde fra England, den før omtalte, vi havde kamera på, så hun kunne se området, da jeg kom til et bestemt sted, kunne jeg rigtig mærke den healing, der er på stedet, selv igennem telefonen kunne hun mærke det. Det er bestemt et besøg værd.

I kraft af, at jeg har holdt kurser, har min egen hjemmeside osv. har jeg en bred kontaktflade, den brugte jeg til at samle nogle spirituelle mennesker, og så tog vi på ghosthunt. Det er en lokal borg, Middelalderborgen Østergård, som er en af landets mest hjemsøgte borge. Vi tog derud kl. 19, vi havde stedet helt for os selv, lige så længe vi ville, det var jo spændende. Der var intet lys, så vi brugte vores telefoner og lommelygter, nogle gange slukkede vi alt, så vi var i totalt mørke. Alle mærkede en eller flere sjæle, som gik rundt på stedet. På et tidspunkt sad vi i mørke, havde vores telefoner sat til at optage for at se, om vi fik stemmer ind. På 2 af telefonerne var der tydelige stemmer, jeg blev afbrudt i den del, måtte forlade rummet, blev trukket ud og ind i et andet rum, hvor jeg kunne mærke én, som havde lidt Parkinson, han var så tæt på mig, at jeg rystede over hele kroppen, lod ham gøre det. Han fortalte mig sin historie, og hvor slemt han var blevet behandlet på stedet. Jeg rystede ham af mig og gik tilbage til de andre, som nu var færdige, men igen blev jeg trukket ud og ind i et andet rum, her blev jeg igen "overfaldet" af den samme mand, heldigvis, var en af deltagerne hurtig til at optage det, så jeg har en video af, hvor jeg står og ryster og kunne næsten ikke gå ud af rummet. De fleste blev der i ca. 2-3 timer, så havde de fået nok af den negative energi, der er på stedet. Men min søn og svigerdatter blev, han havde fundet et rum med et lille hul i væggen, vi kunne bare ikke holde ud at se ind igennem hullet, så meget ondskab var der. Hvad det var, var der ingen af os, som havde lyst til at finde ud af. Alle havde syntes, det var spændende, dog havde ingen haft direkte kontakt med et genfærd, men min søn havde mærket en person, meget stor og stærk, som havde været en slags vagt, der skulle passe på et af børnene, som havde levet der, han havde haft så meget fat i min søns skulder, at han kunne mærke det bagefter.

Jeg havde før været der med guide på, han havde udstyr med, som kunne opfange sjæle. Når apparatet opdagede én, viste den det på skærmen, som når et barn tegner en tændstikmand, vi så to, én, der stod i en døråbning, én anden sad på en stol ikke langt fra os. Samt en stor hund, som stadig går rundt på borgen. Virkelig spændende at se og opleve, det er første gang, jeg har været med, hvor der blev brugt instrumenter til at finde sjæle.

Den første sommer jeg boede her, holdt jeg et møde, for andre ligesindede. Da de fleste var taget hjem, sad tre tilbage, som jeg kendte godt. Mødet blev holdt udenfor, på græsplænen. Jeg fik en uro i kroppen, kunne ikke sidde stille, der er en lille å på grunden, som jeg fik en stor lyst til at gå ned i og bare vade derudaf. Da jeg stadig havde besøg, kunne jeg ikke bare gå min vej. Pludselig kunne jeg mærke en ung kvinde komme op langs åen fra den sø, som den løber ud i. Jeg fik nu en snak med hende, og hun fortalte mig sin historie. Hun var fra dengang, der var herremænd, hvor biskopper havde magten også kaldet reformtiden. Hun var blevet passet op af præstens søn, herremandens søn og to mere, de havde voldtaget hende på skift, slået hende og mishandlet hende, hun var jo "bare" et tyende. Til sidst havde de slået hende ihjel og smidt hende i søen. Jeg blev meget berørt af hendes historie, jeg undrede mig over, hvor onde mennesker kan være. Jeg spurgte hende, om jeg skulle sætte en eftersøgning i gang efter hendes knogler, det sagde hun nej til, hun ville bare gerne fortælle sin historie, så der var mindst én, som vidste besked. Efter en lang samtale, hvor jeg til sidst fik hende overbevist om at tage over på den anden side, var det ligesom hun kiggede sig rundt, kiggede på mig og spurgte så; "hvad med alle de andre, der ligger her?" Jeg fik kuldegysninger over hele kroppen, "er der mange?", Spurgte jeg, hun nikkede, "men de har ligget her meget længere tid end mig". Jeg sagde til hende, hvis deres sjæle var der endnu, kunne hun så ikke tage dem med over. Hvorefter jeg bad til "The spirit" om at vise dem vejen, og lidt efter var hun væk. Det er virkelig sørgeligt, så mange sjæle, der går rundt, der er blevet mishandlet eller har været en skidt person.

Som du har læst, så har jeg virkelig oplevet meget, ting, som jeg ikke ville have oplevet, hvis jeg ikke var begyndt på min spirituelle rejse. Det har været med til at forme mig til den person, jeg er i dag, og det er jeg dybt taknemmelig for. Jeg har fået venner over hele verden, som jeg den dag i dag, har kontakt med. For, at dit liv skal ændre sig, skal du være parat til at blive ændret, parat til at ville ændre det. Er du villig og parat, er det sikkert at begive sig ud på den rejse. Selvom jeg har oplevet mange positive ting, har der også været lidt barske oplevelser ind imellem. En af de ting jeg ikke rigtig har kunnet forlige mig med, er religion, hvordan hænger det sammen? En dag slog det ned i mig, at det er den menneskeskabte religion, jeg ikke kunne med, Jesus har gået på jorden. Jeg tror ikke på, at han var helt den person, der er blevet beskrevet i biblen. Alle de afbilleder, der er af ham, viser ham tit, siddende ved et bord i festligt lag. Dog tror jeg på, at han kunne heale folk, men også, at han var en veltalende og festlig fyr. Mange af de ting, der står i biblen, er oversat forkert eller oversat, så det passer ind i den tid, hvor den blev oversat. Jeg har det svært med, at de forskellige kirker/religioner, har brugt så mange penge på kæmpestore kirker, katedraler, domkirker og hvad der nu end er.

Det er så store summer, at de sagtens kunne brødføde de fattige, der var dengang. Men i stedet vælger de at tage penge fra den lille mand til at bygge de bygninger i guds navn. Det er så forkert i mine øjne, som noget kan være. Gud er alle steder så, hvorfor bygge en kæmpe kirke i marmor og med andre dyre byggematerialer, når de mange penge kunne brødføde de fattige.

Gud er for mig ikke en person, men universets energi, så han er overalt. I biblen viser han sig også for Moses oppe på bjerget, som en brændende busk, hvorfor ikke vise sig som en person? Det fortæller mig, at "han" er af så stor en energi, at det kan han ikke. Det er jo op til den enkelte. Efter min menig er alle på jorden én stor familie med samme gud, han har bare forskellige navne.

En anden ting du kan gøre, er at holde jordforbindelse, forbinde dig med moder jord, eller Gaia, som den også kaldes. Det kan du gøre ved at sidde i naturen, lukke øjnene, forestil dig nu, at der gror rødder ud af dine fødder og dit haleben, de gror nu dybt ned i Gaia, bliver store og stærke, holder fast i jordens kerne. Du kan også gå ture, hvor du kan gå med bare fødder, så du er i kontakt med jorden. Sidde på en strand og lad dine fødder grave sig ned i sandet.

Vand er følelser så brug havet, en å, eller andet vand til at fjerne dine triste tanker. Vand er jo en af de 4 elementer. 5 hvis man medregner universet. Altså vand, jord, ild, luft og universet. Du kan jo arbejde med dem alle hjemme i din stue. Et stearinlys, et glas vand, en potteplante eller en lille skål med jord i, luften er jo rundt omkring dig. Der er mange måder at arbejde med dem på, gør det på din måde, dét, der giver mening for dig. Jeg har prøvet at sidde og stirre ind i flammen på et stearinlys, til sidste så jeg flammen som en lille person, der dansede. Sid med lukkede øjne, tre dybe vejrtrækninger, kald på en eller flere af de fire elementer, spørg dem om alt og få dem til at hjælpe dig.

Hvis din spirituelle rejse ikke er begyndt

endnu, kan du begynde i det små, bed om at få tegn, det kan være du ser en fjer et sted, hvor den ikke burde være. Hvis du går på stranden, bed om at finde sten med hul i, en sten, der er har form som et hjerte, hvide sten osv.

En af de lidt mere skræmmende ting du kan opleve er, når du sover, vågner ved, at du ikke kan trække vejret, føler, at du bliver presset ned i madrassen, du kan ikke bevæge dig, det bedste du kan gøre, er at undgå panik (selv om det er svært) og det vil gå væk igen. Hvis det bliver for meget, bed dem om at stoppe, det kaldes for kundalini opvågning. Det kan føles på mange måder, vi er alle forskellige.

Når du kommer et stykke ind i din rejse, kan du opleve, at de rent fysisk arbejder med dig. Jeg havde på et tidspunkt, en knytnæve (sådan føltes det), der kørte rundt i maven på mig, men bliv ikke nervøs, det er en del af rejsen. Der findes så mange måder, de kan arbejde med dig, så mange, at jeg ikke kan beskrive dem alle.

Der findes også små "lege" du kan bruge, hvis du kører på en vej, hvor der ikke er mange biler, forestil dig farven på den næste bil eller mærket. Føl efter om du tror, det er en kvinde eller mand, som kører den, find selv på andre ting.

Du kan også bruge din krop til at få et ja eller nej. Du stiller dig med let spredte ben, slapper af i hele kroppen, bed dem om at give dig et ja, så vil du enten falde forover eller bagover. Du kan for en sikkerheds skyld spørge om at få et nej også, så skulle du gerne vælte den anden vej. Derefter kan du stille spørgsmål, men husk det skal være et ja/nej spørgsmål.

En anden sjov leg er; tag to stykker A-4 papir. Meget svagt måske også småt, skriver du navnet på én du elsker på det ene stykke papir, og på det andet stykke skriver du navnet på én, du virkelig ikke kan lide. Læg papirerne med navnet nedad, du må ikke kunne se navnet, læg dem med et par meters mellemrum, stil dig først på det ene dernæst det andet og mærk efter, hvilket af dem, der gør dig glad og hvilket, der gør dig vred eller ked af det. Se efter om du har ret. Du kan jo blande papirerne bag ryggen eller få en anden til at lægge dem, så du ikke ser, hvilket, der lægges hvor. Giv dig god tid til denne øvelse.

Du kan også få en til at give dig en lille genstand, som betyder noget for vedkommende, mærk efter; hvad kan du fortælle om den genstand? Det kan også være en konvolut med et billede i, du skal så føle dig frem til, om det er en mand eller kvinde eller noget helt andet alt, hvad du kan mærke. Der er så mange måder, du kan øve dig på, find selv på små lege, dernæst gælder det bare om at øve sig; øvelse gør mester. Det gælder om at slå hjernen fra og kun mærke ind i dig selv eller sige det første, du tænker på, ikke analysere det, ikke tænke over, hvad det kan betyde; det skal give mening for modparten, ikke for dig.

Nu har du fået noget at gå i gang med, alle de øvelser har jeg været igennem det første år af min rejse.

Når du har lavet disse øvelser længe og er blevet fortrolig med energierne. Så er det på tide at gå ind og mærke dig selv, lære dig selv at kende - dine dybeste følelser og mærke hvilke tegn de giver dig.

Det vil jeg fortælle meget mere om i de følgende bind. Jeg vil også komme ind på chakra og dens funktioner.

I bind to vil jeg fortælle dig om meditation, tankens kraft og manifestation blandet med flere af mine oplevelser.

Nu håber jeg, du kan komme i gang med din rejse og håber, du får lige så gode oplevelser, som jeg har. Husk, vi er alle forskellige, du er unik og du skal finde din måde at se og mærke tingene på. Du bliver aldrig færdig med at lære, du lærer lige til den dag, du forlader denne jord.

Husk, du er en del af universet og universet er en del af dig.

# RIGTIG GOD FORNØJELSE.